Matthew Johnstone

Der schwarze Hund

*Wie man Depressionen überwindet
und Angehörige und Freunde dabei helfen können*

Aus dem Englischen von
Nils Thomas Lindquist und Sabine Müller

Verlag Antje Kunstmann

VORWORT FÜR DIESE AUSGABE

„Es ist, als ob mir der Boden unter den Füßen weggezogen wird" – so beschreiben an Depression erkrankte Frauen und Männer immer wieder den Beginn ihrer Krankheit. Für Betroffene ist eine Depression ein erschütterndes Erlebnis, weil diese Erkrankung das innerste Erleben verändert und mit großer Verunsicherung einhergeht. Viele Betroffene trauen sich trotz guter Behandlungsmöglichkeiten nicht, professionelle Hilfe in Anspruch zu nehmen – aus Angst vor Vorurteilen, aufgrund von Hoffnungslosigkeit oder weil sie gar nicht wissen, dass sie an einer Depression leiden. Die Angehörigen sind mitbetroffen, denn das Leiden eines an einer Depression erkrankten Menschen ist selbst nahestehenden Personen schwer zu vermitteln, bleibt damit oft unverständlich und führt so zu Verunsicherung und Hilflosigkeit.

Fakt ist: Depression ist eine schwere Erkrankung, die das Leben der Betroffenen und ihrer Familien enorm beeinflusst und sie damit oft an den Rand ihrer Kräfte bringt. Dies erleben wir auch bei unserer tagtäglichen Arbeit der Stiftung Deutsche Depressionshilfe, wenn Betroffene und Angehörige uns über das *Info-Telefon Depression* oder per Mail kontaktieren und um Rat fragen.

Gerade vor diesem Hintergrund ist es für die Betroffenen, aber auch für ihre Angehörigen besonders wichtig, sich über die Erkrankung zu informieren. Matthew Johnstones Buch „Der schwarze Hund" wählt hier einen ganz besonderen Zugang: Mit der Metapher des Hundes und dessen Entwicklung wird den Lesern auf sehr einprägsame Weise die Erkrankung Depression näher gebracht. Sie erlaubt, die Depression als eigenständige Erkrankung zu verstehen – und nicht als persönliches Versagen. In Wort und Bild wird verständlich, wie sich die verschiedenen Symptome einer Depression anfühlen, welche Einschränkungen die Erkrankung mit sich bringt, aber auch, wie eine adäquate Behandlung aussieht und was Betroffene und Angehörige aktiv tun können, um „mit dem Hund zu leben und seinen Einfluss zu verkleinern".

In diesem Sinne wünsche ich allen Leserinnen und Lesern eine interessante, unterhaltsame Lektüre!

Prof. Dr. Ulrich Hegerl
Direktor der Klinik und Poliklinik für Psychiatrie und
Psychotherapie am Universitätsklinikum Leipzig
Vorsitzender der „Stiftung Deutsche Depressionshilfe", des „Deutschen Bündnis
gegen Depression" und der „European Alliance Against Depression"

VORWORT

Abgesehen von Tod und Steuern gibt es noch eine dritte Gewissheit im Leben: Jeder ist irgendwann einmal deprimiert. Bei den meisten vergeht die deprimierte Stimmung bald wieder, man hatte dann den „Blues" oder eine normale „depressive Verstimmung". Eine von vier Frauen und einer von sechs Männern geraten jedoch im Lauf ihres Lebens in eine Phase klinischer Depression. Hier ist der Zustand der deprimierten Stimmung heftiger und hartnäckiger – und kann Wochen, ja sogar Jahre dauern. Die klinische Depression wurde von der Weltgesundheitsorganisation WHO jüngst als die „Krankheit des Jahrhunderts" eingestuft, weitaus schlimmer als beispielsweise Herzerkrankungen, nicht zuletzt weil sie ernste soziale und ökonomische Konsequenzen nach sich zieht.

Das bislang gängige Modell der Depression ging davon aus, dass es nur einen Typus gäbe, der lediglich nach dem Grad der Schwere variieren würde. Heute gibt es jedoch eine innovativere Betrachtungsweise: Sie besagt, dass es mannigfaltige Typen gibt, mit variierenden Ursachen und mit unterschiedlicher Bereitschaft, auf Behandlungen anzusprechen. Die humor-, ja beinahe liebevollen Illustrationen in diesem Buch erfassen die Kennzeichen der eher „endogenen" depressiven Störung – unter anderem die Unfähigkeit, sich aufheitern zu lassen, und die mangelnde Freude an jeglicher Betätigung. Im schlimmsten Fall ist es den Betroffenen unmöglich, sich zu konzentrieren oder auch nur aus dem Bett zu steigen, um ein Bad zu nehmen. Manche berichten davon, dass sie keine Farben mehr sehen können und dass alles wahrhaftig dunkel oder schwarz ist.

Dem Hund wurden, während seiner langen Geschichte als Gefährte des Menschen, sowohl positive als auch negative Attribute zugeschrieben. Hunde wurden mit den dunkleren Erfahrungen des Lebens in Verbindung gebracht und galten in Urmythen als Todesboten. Obwohl man das Gefühl, von einem „schwarzen Hund" oder einer „ schwarzen Wolke" überwältigt zu werden, bis in keltische Zeiten zurückverfolgen kann, dafür gibt es Zeugnisse, war Samuel Johnson wohl der erste Schriftsteller, der eine Verbindung zur Depression herstellte. Winston Churchill machte die Metapher des „Black Dog" populär, und auch der Name unseres Institutes – des „Black Dog Institute" – geht darauf zurück. Seit Churchill haben unzählige Schriftsteller, Maler und Sänger den depressiven Schwarzen Hund beschwörend geschildert.

Matthew Johnstones Sicht der Dinge ist ermutigend. Treffend und einfühlsam erfasst er die Stimmung, den zwischenmenschlichen „Fallout" und die körperlichen Symptome der klinischen Depression. Er neutralisiert das dämonische Sinnbild des heimtückischen Schwarzen Hundes, indem er ein gegenmächtiges Bild des Hundes heranzieht – seine Treue. Seine Botschaft ist aufrüttelnd: Vielleicht leiden Sie unter Ihrer Depression „wie ein Hund", aber statt vor ihr wegzurennen oder sie als „hundsgemein" zu verfluchen, sollten Sie ihr ins Auge sehen und bedenken, was daraus zu lernen und zu gewinnen ist. Diejenigen, die eine klinische Depression erlebt haben, werden mit einem schmerzlichen Lächeln und tief berührt auf diese Bilder reagieren. Für alle anderen ist dieses Buch ein einfühlsamer und aufschlussreicher Zugang zum Verständnis der klinischen Depression.
Los, holt das Büchlein!

Gordon Parker
Geschäftsführender Direktor des Black Dog Institute, Randwick
Professor für Psychiatrie, University of New South Wales, Sidney

(Nicht) für meine Familie und meine Freunde

Teil 1

Mein schwarzer Hund

Wie ich meine Depression an die Leine legte

Wenn ich zurückschaue, geisterte der Schwarze Hund
durch mein Leben, seit ich Anfang zwanzig war.

Wann immer er sich blicken ließ, fühlte ich mich leer,
und das Leben schien nur verlangsamt abzurollen.

Er schaffte es, dass ich mich älter fühlte und älter aussah,
als ich in Wirklichkeit war.

Während alle anderen das Leben zu genießen schienen, sah ich es durch die Schwarze Hundebrille.

Dinge, die mir normalerweise Spaß machten, wurden auf einmal schal und leer.

Er zernagte mein Gedächtnis und meine Fähigkeit, mich zu konzentrieren.

Wenn der Schwarze Hund mich zu einer Party begleitete, wusste er genau, wie er mir noch den letzten Rest meines Selbstvertrauens rauben konnte.

Weil ich mich für den Schwarzen Hund schämte und mich gebrandmarkt fühlte, wurde ich ein Weltmeister in der Kunst, allen etwas vorzuheucheln – zu Hause und bei der Arbeit.

Eine emotionale Lüge durchzuhalten, kostet unglaublich viel Kraft. Es ist, als versuchte man, Epilepsie, einen Herzinfarkt oder Diabetes zu verheimlichen.

Der Schwarze Hund konnte mich dazu bringen, gemeine Dinge zu sagen.

Er sorgte dafür, dass meine Stimme schwach und tonlos wurde.

Wenn man einen Schwarzen Hund hat, fühlt man sich nicht
nur ein bisschen niedergeschlagen, traurig oder melancholisch.
Im schlimmsten Fall fühlt man überhaupt nichts mehr.

Mit der Zeit wurde der Schwarze Hund
immer größer und wollte überhaupt
nicht mehr verschwinden.

Oft sagte ich JETZT REICHT'S
MIR – und ich wehrte mich mit allem,
was mir in die Hände fiel, um ihn
in die Flucht zu schlagen.

Doch meistens behielt er die Oberhand.
Zu Boden gehen war dann leichter, als wieder
auf die Beine zu kommen.

Schließlich lernte ich ganz gut, mir selbst meine Medizin zu verabreichen …

Mit der Zeit fühlte ich mich vollkommen ausgeschlossen, von allem und jedem.

Irgendwann hatte es der Schwarze Hund geschafft, mein Leben voll und ganz zu beherrschen. Er zwang mich in die Knie. Mein Lebenswille hatte mich verlassen.

Ich entdeckte, dass es viele verschiedene Schwarze Hunderassen gibt. Sie suchen Millionen Menschen aus allen Schichten heim: Der Schwarze Hund ist eine Promenadenmischung mit Sinn für soziale Gerechtigkeit.

Mir wurde klar, dass es viele verschiedene Methoden gibt, den Schwarzen Hund zu behandeln. Und mir wurde auch klar, dass es kein schnelles Patentrezept gibt.

Medikamente können für manche Menschen ein notwendiger Teil der Behandlung sein; es gibt aber auch eine Vielzahl anderer wirksamer Therapien.

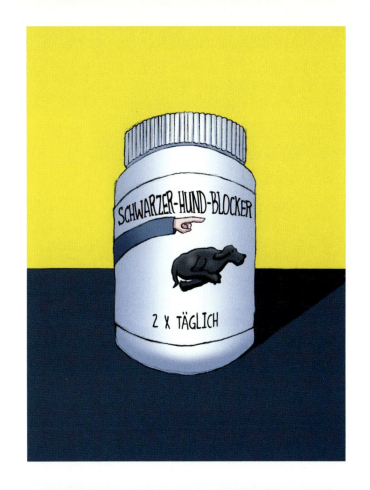

Der Schwarze Hund ist fett und faul. Er hat es viel lieber, wenn man im Bett liegt und sich selbst bemitleidet. Er hasst jede Art von Sport, vor allem deswegen, weil man sich dadurch besser fühlt. Gerade dann, wenn man am wenigsten Lust auf Bewegung hat, sollte man sich bewegen.

Also, laufen Sie los und hängen den blöden Köter ab.

Ein Gefühlstagebuch zu führen,
kann sehr nützlich sein. Die eigenen Gedanken
aufs Papier zu bringen wirkt befreiend
und bringt einem oft neue Einsichten.

Erfinden Sie ein System zur Bewertung,
wie Sie sich Tag für Tag fühlen;
das ist ein gutes Mittel, um den Hund
in Schach zu halten.

… wenn man die richtigen Maßnahmen ergreift, können und werden die Schwarzen Hundstage vorübergehen.

Ich möchte nicht sagen, dass ich dankbar bin,
mit dem Schwarzen Hund leben zu müssen.
Aber was ich an ihn verloren habe,
habe ich auf andere Art und Weise zurück gewonnen.

Er hat mich gezwungen,
mein Leben zu überdenken und es zu vereinfachen.

Er hat mir beigebracht, dass es besser ist,
den Problemen ins Auge zu sehen als vor ihnen wegzulaufen.

Wahrscheinlich wird der Schwarze Hund immer ein Teil meines Lebens bleiben. Aber ich habe gelernt, dass man mit Geduld, Humor, Verständnis und Disziplin sogar den schlimmsten Schwarzen Hund an die Leine legen kann.

DANKSAGUNG

Es war mein Wunsch, dieses Buch weniger als Selbsthilfe-Buch zu gestalten, sondern vielmehr als eine visuelle Umsetzung dessen, was es heißt, an Depressionen zu leiden. Ich bin kein Psychologe oder Psychiater und überhaupt kein Spezialist auf dem Gebiet. Ich habe lediglich die unglückliche Erfahrung gemacht, an diesem furchtbaren Zustand zu leiden, den ich etwas flapsig den „Schwarzen Hund" nenne. Ich habe den Schwarzen Hund zum Botschafter dieser Krankheit ernannt. Er ist ein allgegenwärtiger Schlechtwetter-Teufel, der absolut alles durchdringt, wie ein Tropfen Tinte ein Glas Wasser. Ich wünsche mir, dass Sie dieses Buch zusammen mit Ihren Partnern, Eltern, Geschwistern und Freunden anschauen, ja sogar mit Ärzten und Therapeuten. Es ist ein visuelles Mittel, das Ihnen helfen soll, auszusprechen, was Sie oder jemand aus Ihrem Bekanntenkreis durchmachen.

Ich danke allen, die mich bei der Entstehung dieses Buches unterstützt haben. Danke sage ich meiner wunderbaren Frau Ainsley, die mir mit bedingungsloser Liebe und Geduld, mit Humor und Unterstützung beisteht. Meiner Tochter Abby, die mir so viel Freude schenkt und zweifellos das beste natürliche Heilmittel gegen die Depression ist, das ich je hatte. Meine liebe Familie und meine Freunde, die Ihr mir so viel Liebe, Ermutigung und Beistand schenkt, ich danke Euch. Dank auch an meine literarischen Agentinnen, Pippa Masson, Fiona Inglis, Louise Thurtell und an die Mitarbeiter bei Curtis Brown, die an dieses Projekt glaubten und mich verpflichtet haben. Dank an Jill Wran, die mich bei Curtis Brown eingeführt hat. Dank meinem großartigen Verleger Alex Craig und seinen Mitarbeitern bei Pan Macmillan, dafür, dass sie den Mut hatten, dieses Buch zu kaufen und herzustellen. Professor Gordon Parker und seinen Mitarbeitern beim Black Dog Institute, danke für die phantastische Arbeit, die Ihr dort leistet. Gordon, dein Glaube, Beistand und Enthusiasmus brachten dieses Buch zum Fliegen. Anne Schwebel von Mandarin Design, herzlichen Dank dafür, dass du mir ein Atelier zum Arbeiten gabst, und für deine Ermutigungen, kreativen Ratschläge und Perlen der Weisheit. David Hutton für seine Unterstützung und sein In-Design-Know-how. Kathrin Ayer dafür, dass sie sich die Zeit nahm, mir das Illustrieren im „Photoshop" beizubringen. Dank auch an die Digital Group bei M&C Saatchi's für das Einrichten der Website: www.ihadablackdog.com. Und einen ganz kleinen, widerwilligen Dank an dich, Schwarzer Hund – ohne dich würde es dieses Buch nicht geben ... schlimmer Hund!!!

Für jeden ist der Weg zur Heilung ein anderer. Falls Sie dieses Buch lesen und einen Schwarzen Hund in Ihrem Leben haben, geben Sie nie, niemals den Kampf auf; der Schwarze Hund kann besiegt werden. Wie Winston Churchill sagte: „Wenn du feststellst, dass du durch die Hölle gehst – geh weiter." Mögen Sie auf Ihrem Weg den Frieden, die Harmonie und die Erfüllung finden, die wir alle zum Leben brauchen.

Matthew Johnstone

Den wichtigsten Menschen gewidmet: den Angehörigen und Freunden

Teil 2

Mit dem schwarzen Hund leben

Wie Angehörige und Freunde depressiven Menschen helfen können, ohne sich dabei selbst zu verlieren

VORWORT

Als Matthew das erste Mal sagte: „Ich habe Depressionen", hatte ich wirklich keine Ahnung, was das bedeutet. Wir waren verliebt, eine glänzende Zukunft lag vor uns, und ich dachte, gemeinsam könnten wir einfach alles schaffen. Ich hatte vorher nie etwas mit Depressionen zu tun gehabt, und ich wusste überhaupt nicht, wie diese Situation sich auf mich auswirken könnte und würde. Und dies ist auch genau der Grund, warum wir uns dazu entschlossen haben, dieses Buch zu machen.

Angehörige leben im Schatten des schwarzen Hundes. Sie nehmen alle Last auf sich, versuchen alles wieder in den Griff zu bekommen und machen sich alle möglichen Sorgen, oft ohne zu wissen, an wen sie sich wenden und was sie tun sollen. Oft haben sie das Gefühl, sich auf dünnem Eis zu bewegen, was sehr ermüdend, beunruhigend und frustrierend ist. Dabei spielen die Angehörigen eine ganz zentrale Rolle, die sich auf die Bewältigung der Depression in unschätzbarer Weise auswirken kann.

Während ich für dieses Buch recherchierte, habe ich mit vielen Menschen gesprochen, die einen ähnlichen Weg wie ich gegangen sind. Dabei wurde mir klar, wie wichtig es ist, die eigenen Erfahrungen mit anderen zu teilen. Es ist unglaublich tröstlich zu wissen, dass man nicht allein ist.

Bei der Bewältigung der Depression hängt vieles davon ab, wie beide, Betroffene und Angehörige, die Situation akzeptieren und damit umgehen können. Matthew und ich haben das gemeinsam ganz gut hinbekommen, durch Ehrlichkeit, Mitgefühl, Achtsamkeit – und mit so viel Humor wie möglich. Natürlich hat die Krankheit unsere Ehe auf die Probe gestellt und ihr Versprechen, „in guten wie in schlechten Tagen" zusammenzuhalten, doch gleichzeitig eröffnete sie uns neue Wege, aufeinander zuzugehen, und ließ unsere Beziehung inniger und reicher werden.

Wir hoffen, dass dieses Buch etwas klarer macht, wie er aussieht, dieser schwarze Hund, der das Leben Ihres Partners beherrscht. Es möge Ihnen bei der Bewältigung der Krankheit eine Hilfe sein. Denn Depression ist keine lebenslange Strafe, sie ist eine heilbare Krankheit. Sie geht vorbei.

Ainsley Johnstone

Manche Betroffene leiden an überwältigender Müdigkeit, gegen die noch so viel Schlaf nicht hilft.

Manche kommen einfach nicht in die Gänge und können sich zu gar nichts mehr aufraffen.

Viele Depressive achten nicht mehr auf ihr Erscheinungsbild, sie verwahrlosen – und oft lässt sogar ihr Gedächtnis nach.

Sie können nicht mehr so lachen wie früher.

Im Job versäumen sie Termine, legen sich für ihre schlechten Leistungen Entschuldigungen zurecht und lassen sich häufig krankschreiben, indem sie irgendwelche anderen Leiden vorschützen.

Manche werden überempfindlich und weinen öfter als sonst.

Andere können sich, obwohl sie erschöpft sind,
nicht entspannen oder einfach einmal herumsitzen.

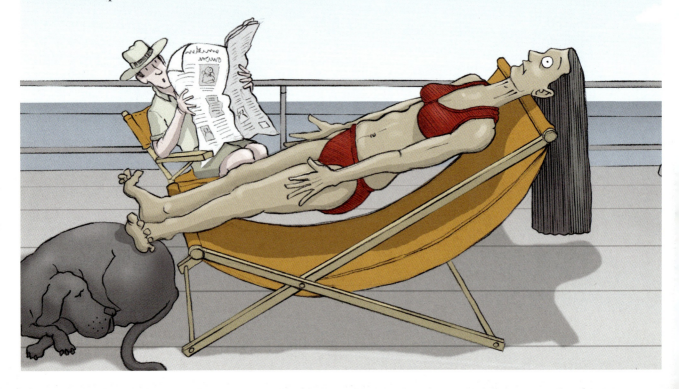

Schon bei kleinsten Provokationen entwickeln sie eine furchtbare Wut.

Ihnen Liebe, Zuneigung und Nähe zu zeigen, kann zur Unmöglichkeit werden.

Oder haben den großen Plan parat, der ihrer Meinung nach alles richten wird.

Solche Bemerkungen muss man ernst nehmen. Bleiben Sie gelassen und haben Sie keine Angst, darüber zu reden. Bitten Sie Ihren Partner, mit Ihnen darüber zu sprechen, und wenn Sie sich Sorgen machen, kontaktieren Sie einen Arzt oder ein Krisentelefon.

Depressive Menschen aufs herrliche Wetter hinzuweisen ist nervtötend und sinnlos.

Wenn es so einfach wäre, den **„Kopf nicht mehr hängen zu lassen"**, dann würden sie's tun. Niemand hat freiwillig eine Depression.

Vielleicht stimmt es, dass **„alles nur im Kopf stattfindet"**, bloß sagen sollten Sie es nicht.

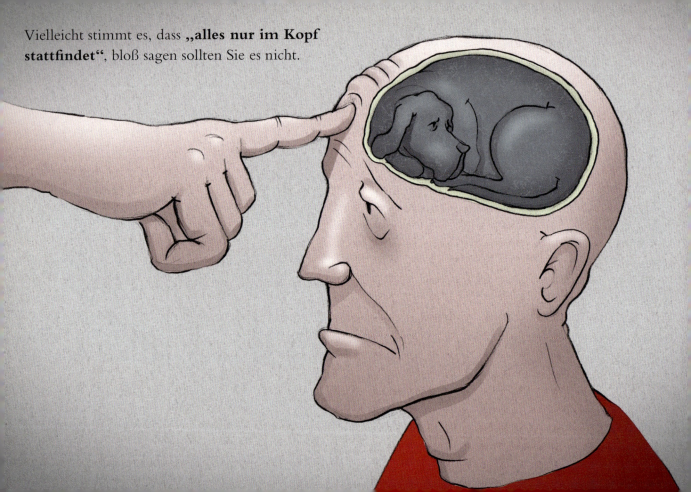

Rücksichtsvoll und freundlich zu jemandem zu sein, der an einer Depression leidet, ist niemals falsch. Aber versuchen Sie bitte nicht krampfhaft, ihn aufzumuntern, dadurch fühlt er sich eher noch schlechter.

Sagen Sie nie: „Du willst ja nur die Aufmerksamkeit auf dich ziehen." Das ist demütigend und tut weh.

Depressive Menschen wollen nicht die Aufmerksamkeit auf sich ziehen, sie brauchen sie nur sehr dringend.

Das Spider-Man-Kostüm war halt schon ausverkauft.

Drängen Sie depressive Menschen nicht zu Dingen, die sie nicht wollen, und suchen Sie nicht nach Entschuldigungen für ihr „unpassendes" Verhalten. Dies nährt nur ihre Verzweiflung und treibt sie in eine Haltung der Verweigerung.

Wenn Sie wichtige Informationen teilen wollen, tun Sie es auf behutsame Art und Weise.

Versuchen Sie, nicht selber zu reden. **Nur zuhören.** Für jemanden einfach da zu sein, ohne Meinung und Urteil, ist eines der besten Geschenke, das Sie geben können.

Wenn der Betroffene dafür offen ist, dann ermutigen Sie ihn, eine professionelle Meinung einzuholen. Das Angebot, einen guten Arzt zu finden, einen Termin zu vereinbaren und dann auch mitzugehen, kann ungeheuer hilfreich sein.

Versuchen Sie den Betroffenen zu entlasten, wann immer es Ihnen möglich ist. Es ist allerdings wichtig, nicht alles für ihn zu machen. Ein gewisses Maß an alltäglichen Verrichtungen dient der Selbstachtung und dem Selbstwertgefühl.

Unterstützen Sie jede Form regelmäßiger sportlicher Betätigung. Fitness beraubt den Hund seiner Macht.

Wenn Sie sich ernsthaft Sorgen um jemanden machen, organisieren Sie eine Gruppe von engen Freunden oder Angehörigen, damit jeden Tag jemand vorbeikommt – um zu helfen, Kaffee zu trinken oder um einfach nur hallo zu sagen.

Fertigen Sie eine **„Hau ab, Hund!"**-Schachtel an.
In die kommen Lieblingsfotos und -briefe hinein – und einfach alles,
was Ihren depressiven Partner an das erinnert, was gut in seinem Leben ist.

Geben Sie auch ein **„Weißer Hund-Tagebuch"** hinein. Hier kann man Fortschritte festhalten,
Dinge vermerken, für die man dankbar ist, und sich kleine, erreichbare Ziele setzen.

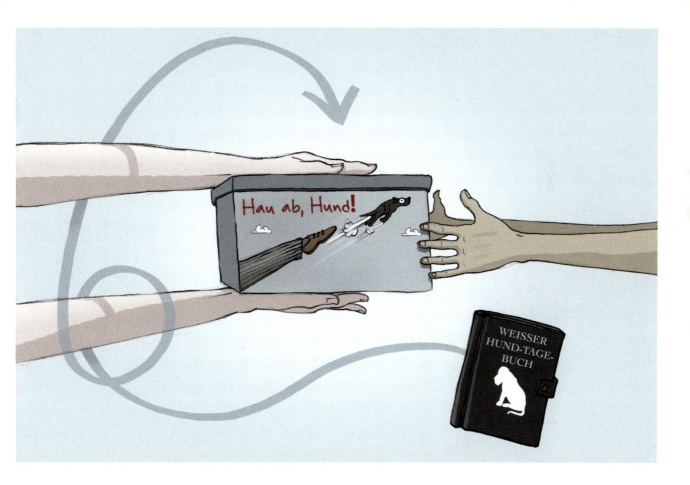

Wie man den schwarzen Hund akzeptiert

Informieren Sie sich gemeinsam darüber, was Depressionen eigentlich sind. Wissen ist Macht, und wenn man sich mit der Krankheit auseinandersetzt, kann man sie besser bewältigen.

Verbünden Sie sich gegen den schwarzen Hund:
W.E.G. mit ihm!

W steht für **weisen Umgang.** Gehen Sie weise mit der Krankheit um, indem Sie Ihren Lebensstil anpassen und Stress vermindern. Wenn Sie das tun, wird es Ihnen auch leichter fallen, mit dem Hund umzugehen.

E steht für **eiserne Disziplin.** Sie ist nötig, um regelmäßig zum Arzt zu gehen, die notwendigen Medikamente zu nehmen, sich klar auszudrücken, regelmäßig Sport zu treiben, sich auszuruhen und gesund zu ernähren. Versuchen Sie die Disziplin aufzubringen, jeden Tag mit dem schwarzen Hund zu arbeiten.

G steht für **geduldiges Akzeptieren.** Akzeptieren Sie die Tatsache, dass Depression eine Krankheit ist und, wie die meisten Krankheiten, behandelt werden kann. Nehmen Sie die Hilfe an, die Ihnen angeboten wird.

Lernen Sie gemeinsam, bestimmte Schlüsselreize und Warnsignale frühzeitig zu erkennen. Achten Sie darauf, sich in bestimmten Situationen gegenseitig etwas Freiraum zu gewähren.

Einigen Sie sich auf eine Strategie, den schwarzen Hund loszuwerden.
Ein schwarzer Hund, der nicht beachtet wird, kann sich zu einem großen Problem auswachsen.

Wenn Ihre Kinder alt genug sind, dann erklären Sie ihnen, was los ist. Die Kinder müssen wissen, dass dieser schwarze Hund nicht für immer da bleiben wird. Oft glauben sie, dass sie schuld daran seien; versichern Sie ihnen, dass dies nicht der Fall ist.

Für jeden, der sich um einen depressiven Menschen kümmert, sind Mitgefühl und Einfühlungsvermögen ganz zentral. Sie sollten sich aber auch darüber im Klaren sein, dass es nicht in Ihrer Macht steht, den geliebten Menschen im Alleingang zu retten.

Dazu ist meist professionelle Hilfe vonnöten.

Depressive Menschen scheuen sich häufig, professionelle Hilfe in Anspruch zu nehmen, weil sie die Kosten fürchten. Versuchen Sie ihnen klarzumachen, dass die Kosten, wenn man keine wirksame Hilfe annimmt, erheblich höher sein können; dies kann die Ehe, Freundschaften, den Job und sogar das Leben kosten.

Es gibt unterschiedlichste Hilfsangebote; eine Liste von Vorschlägen finden Sie am Ende dieses Buches.

Den passenden Arzt zu finden kann von entscheidender Bedeutung für die Bewältigung der Krankheit sein.

Wenn man jemandem von seinen Problemen erzählt, sollte es jemand sein, den man respektiert und bei dem man sich gut aufgehoben fühlt. Haben Sie keine Scheu vor einer Probesitzung und fühlen Sie sich nicht verpflichtet weiterzumachen, wenn Sie sich nicht wohl fühlen.

Am Ende des Buches findet sich eine Übersicht der professionellen Hilfsangebote für psychisch Kranke.

Eine Depression kann durch ein chemisches Ungleichgewicht im Gehirn ausgelöst sein. Um dieses auszugleichen, ist es daher manchmal sinnvoll, chemische Substanzen zu nehmen. Antidepressiva können für manche Betroffenen lebenswichtig sein – sind es aber sind nicht für alle.

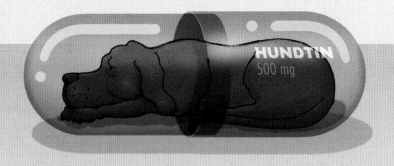

Es gibt verschiedenste natürliche Heilmittel, die helfen können, gewisse Symptome zu lindern. Recherchieren Sie gründlich, machen Sie sich schlau und stellen Sie Ihrem Arzt viele Fragen.

Ein Gespräch mit dem betreuenden Arzt kann Ihnen helfen zu verstehen, was Ihr Partner gerade durchmacht. Vielleicht vermittelt es Ihnen auch Einsichten, wie Sie Ihre Beziehung durch diese schwierige Phase steuern können.

Nicht selten leiden Angehörige, die sich um Kranke kümmern, an einem Burn-out. Es kann sich also lohnen, sich selbst einen Arzt zu suchen. Sie finden dort einen sicheren Ort, wo Sie Unterstützung finden können.

EIN PAAR EINFACHE VEREINBARUNGEN

1) Vereinbaren Sie, dass sich manche Dinge vorübergehend ändern müssen, weil Sie mit einem schwarzen Hund leben.

2) Vereinbaren Sie, dass niemand einem Kranken helfen kann, solange der nicht voll und ganz entschlossen ist, sich selbst zu helfen.

3) Vereinbaren Sie, auch in dieser Zeit freundlich und respektvoll miteinander umzugehen.

4) Vereinbaren Sie, dass mürrisches Verhalten unnötig ist und nicht toleriert wird.

5) Vereinbaren Sie, sich regelmäßig zu einem „Gipfeltreffen" zusammenzusetzen.

6) Vereinbaren Sie, immer offen und ehrlich miteinander zu sprechen.

7) Vereinbaren Sie, die Strategie des Arztes einzuhalten und Fortschritte regelmäßig zu protokollieren.

8) Vereinbaren Sie einen Plan B (Sie finden einen am Ende dieses Buches).

Unterschrift ....   Unterschrift ....

Wie man sich **selbst schützen** kann

Oft ist es schwierig, Wut, Kritik, Negativität und Apathie nicht persönlich zu nehmen. Entscheidend ist, sich nicht darauf einzulassen. Es ist die Depression, die da kläfft, nicht Ihr Partner.

Schreiben Sie zehn Dinge auf, die Sie an Ihrem Partner aufrichtig lieben. Zeigen Sie ihm diese Liste, bewahren Sie sie gut auf und geben Sie eine Kopie in die „Hau ab, Hund!"-Schachtel.

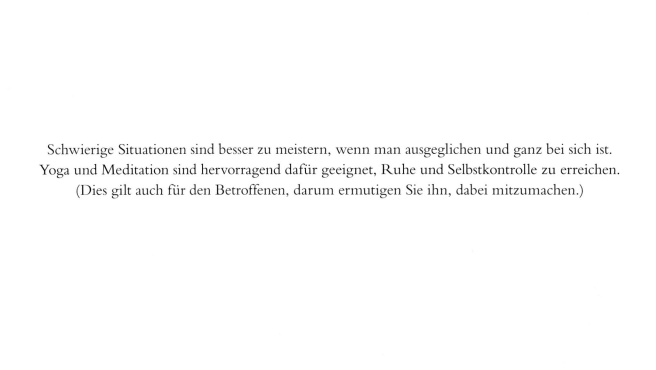

Schwierige Situationen sind besser zu meistern, wenn man ausgeglichen und ganz bei sich ist. Yoga und Meditation sind hervorragend dafür geeignet, Ruhe und Selbstkontrolle zu erreichen. (Dies gilt auch für den Betroffenen, darum ermutigen Sie ihn, dabei mitzumachen.)

Schließen Sie sich einer Selbsthilfegruppe an. Es gibt nichts Besseres, als in einem Raum voller Menschen zu sein, die Sie verstehen und Ihre Geschichte teilen.

Ganz wichtig ist es, einmal herauszukommen, sein eigenes Ding zu machen und sich mit Freunden zu treffen. Freunde können Ihre Probleme zwar nicht lösen, aber sie haben unglaublich viel Trost, Unterstützung und Lebensklugheit zu bieten.

Einer der wichtigsten Aspekte dieser Reise ist es,
sich einander immer wieder vor Augen zu führen …

Es geht vorbei. Es geht vorbei. Es geht vorbei. Es geht vorbei.

Ein schwarzer Hund kann einen ängstigen und frustrieren und stellt für jede Beziehung eine Bedrohung dar. Aber sie kann an Tiefe, Reife und Qualität gewinnen, wenn man es schafft, den Hund gemeinsam hinter sich zu lassen.

NACHWORT

Als ich im Jahr 2005 meinem Verleger das Manuskript von *Mein schwarzer Hund* überreichte, betonte ich nachdrücklich, dass ich nicht zum Aushängeschild für Depression werden wollte; dies war schließlich nur ein Teil von mir, nicht die Gesamtsumme. Diese abwehrenden Worte waren meine Art, mit der unterschwelligen Furcht umzugehen, die sich einstellt, wenn man mit etwas zutiefst Persönlichem an die Öffentlichkeit geht.

Das Buch zu machen, hat mich in vielerlei Hinsicht befreit. Für die Bewältigung der Krankheit war es das Beste, was ich tun konnte. Ich musste mich öffentlich damit auseinandersetzen, wer ich war, was ich durchgemacht und daraus gelernt hatte – und was ich mir nach all dem für mein Leben wünschte. Es erinnert mich immer wieder daran, dass ich auf Worte Taten folgen lassen und mein Leben auf eine Weise führen muss, die mir dabei hilft, den Hund sicher in seinem Käfig eingesperrt zu halten. Wenn wir akzeptieren, wer oder was wir wirklich sind, können wir uns am besten von dem freimachen, was uns fesselt.

Ein Nebeneffekt der Entstehung von *Mein schwarzer Hund* ist, dass ich in den letzten Jahren viele Vorträge über die Bewältigung der Depression vor Vereinen, in kleinen Gemeinden und bedeutenden Unternehmen gehalten habe. Daraus habe ich die wertvolle Lektion mitgenommen, dass wir, wenn wir anderen helfen, uns selbst helfen.

Ganz gleich, in welcher Umgebung ich sprach – jedes Mal schien mir das Szenario die Einstellung der Gesellschaft gegenüber Depression oder psychischer Krankheit widerzuspiegeln. Die Leute betraten den Raum, es gab ein leicht peinliches Schweigen, gesenkte Blicke und nervöses Herumgerutsche auf den Stühlen. Nach dem Vortrag aber zeigte sich stets das Gegenteil; da war Erleichterung spürbar, die emotionale Handbremse wurde gelockert, und die Leute begannen wirklich zu sprechen, oft zum ersten Mal.

Die Lebenserfahrung jedes Menschen ist grundverschieden, aber wenn von Depressionen die Rede ist, klingt es immer sehr ähnlich: Der Text des schwarzen Hundes scheint immer der gleiche zu sein. So verschieden wir alle sein mögen, am Ende des Tages wünschen wir uns doch alle dasselbe: Liebe, Bindungen, Verständnis und Harmonie. Oft wurde mir die Frage gestellt: „Und welchen Rat haben Sie für Freunde und Angehörige?" Meistens antwortete ich: „Da müssen Sie meine Frau fragen." – „Na …", hieß es dann, „wann schreibt sie denn ein Buch?"

Wir hatten tatsächlich schon darüber diskutiert, aber noch nichts unternommen – bis mein Verlag uns schließlich darauf ansprach. Anfangs zögerte ich, ein solches Projekt anzugehen, denn ich hatte nicht den Eindruck, dass ein weiteres Buch zu diesem Thema in mir steckte; doch eines Abends setzten Ainsley und ich uns hin, und binnen weniger Stunden hatten wir viele Blätter Papier mit Ideen und Skizzen beschrieben. *Mit dem schwarzen Hund leben* war geboren.

Dann machte sich Ainsley daran, viele Menschen zu interviewen: Ehepartner, Geschwister, Eltern oder Kinder von Leuten, die mit einem schwarzen Hund leben mussten. Ihre Geschichten bestätigten vieles von dem, was wir bereits vermutet hatten, und bescherten uns ein paar wirklich großartige Erkenntnisse. Bei allen Betroffenen gab es die gleiche Hemmung, die ich vorher beschrieben habe, und die meisten erklärten danach, sie wünschten, sie hätten schon früher auf diese Weise sprechen können.

In diesem verrückt-geschäftigen Leben, das die meisten von uns führen, halten wir kaum einmal inne, um wirklich zu sprechen, wirklich zuzuhören und wirklich in Ruhe nachzudenken. Ein wenig ähneln wir jenen Insekten, die auf der Wasseroberfläche umherflitzen, aber nie tiefer eintauchen. Nicht, dass wir dauernd über das „Tiefe und Bedeutsame" reden müssten; doch es kann unglaublich bereichernd und heilsam sein, sich von Zeit zu Zeit vollkommen ehrlich und intensiv miteinander zu unterhalten.

Auch wenn Ainsley und ich dieses Buch gemeinsam geschaffen haben, möchte ich meinen Anteil daran ihr widmen – und all den anderen wunderbaren Leuten, die einen geliebten Menschen begleiten, der mit einem schwarzen Hund durchs Leben geht. Es ist nicht leicht, mit einem depressiven Partner zusammenzuleben, aber, wie Ainsley und ich uns immer wieder gezeigt haben, es ist zu schaffen – und aus etwas Schlechtem kann tatsächlich etwas Gutes entstehen. Wir haben die feste Hoffnung, dass dieses kleine Buch dazu beitragen wird, dies zu beweisen.

WUFF, WUFF!!!

Matthew Johnstone

„Wenn Euer Leben Euch wie ein mühseliger Aufstieg vorkommt, dann denkt an die Aussicht, die Ihr von dort oben haben werdet!"

Anonymus

PLAN B

Dies sind einige Vorkehrungen, die Ihnen, falls die Depression schlimmer werden sollte, als Auffangnetz dienen können.

① Der Kranke sollte versprochen haben, es sofort zu sagen, wenn er den Eindruck hat, dass alles aus dem Ruder läuft. Damit sollte man nicht bis zur letzten Minute warten.

② Erfinden Sie eine simple Skala dafür, wie schlimm es ist: Von 1 (richtig gut) bis 10 (sehr, sehr schlimm).

③ Rufen Sie einen Freund oder einen Angehörigen, dem Sie vertrauen, an und bitten ihn um Hilfe und Unterstützung.

④ Vereinbaren Sie mit dem betreuenden Arzt, dass Sie ihn anrufen können, wenn es nötig sein sollte.

⑤ Falls alle Stricke reißen und Sie in eine Klinik gehen müssen, sollten Sie wissen, wen Sie anrufen und mit wem Sie sprechen können. Auch sollten Sie darauf vorbereitet sein, wohin es geht und was bei der Einweisung passieren wird.

ÜBERSICHT DER PROFESSIONELLEN HILFSANGEBOTE, DIE ES FÜR PSYCHISCH KRANKE GIBT

PRAKTISCHER ARZT:
Auch Hausarzt genannt. Sie sind oft die Ersten, die man um Hilfe fragt. Bei Bedarf überweisen sie den Patienten zu einem Spezialisten.

PSYCHIATER:
Psychiater sind spezialisierte Fachärzte, die geistig-seelische Störungen und Erkrankungen diagnostizieren und behandeln können, sei es durch Psychotherapie und/oder durch medikamentöse Behandlung.

PSYCHOLOGE:
Psychologen sind Spezialisten für menschliches Verhalten und Persönlichkeitsentwicklung. Sie helfen Menschen dabei, emotional und geistig-seelisch besser zu funktionieren. Bei der Behandlung geht es darum, ein bestimmtes Verhalten ohne Medikamentengabe zu verändern.

SOZIALARBEITER:
Sozialarbeiter arbeiten mit Einzelpersonen, Familien, Gruppen, Organisationen und Gemeinden, um soziale Stressfaktoren zu lokalisieren und soziale Unterstützung zu bieten.

PSYCHOSOZIALE BERATER:
Psychosoziale Berater sind entsprechend ausgebildet, um im Gespräch zuzuhören und den Menschen zu helfen, Probleme durch vernünftige Ratschläge zu lösen, und problemlösende Strategien anzubieten.

WEITERE HILFSANGEBOTE

① **Ärzte** – der Hausarzt ist Ihr erster Ansprechpartner. (Falls Geld ein Problem darstellt, fragen Sie Ihren Arzt, wie man Hilfe entweder kostenfrei oder günstig bekommen kann.)

② **Organisationen** – wie zum Beispiel das „Bündnis gegen Depression" oder der „Bundesverband der Angehörigen psychisch Kranker" (um nur einige zu erwähnen). Sie bieten jede Menge qualifizierte Informationen.

③ **Apotheken** – haben gute Informationen zur Verfügung.

④ **Alternativmediziner** – es gibt viele gute natürliche und alternative Behandlungen und Heilmittel, aber diese erfordern genauso viel Recherche wie die traditionelleren Methoden.

⑤ **Gemeindezentren** – bieten oft Informationen und Beratungsdienste.

⑥ **Kirchen** – haben oft Selbsthilfegruppen, Berater und Leute, die entsprechend ausgebildet sind.

⑦ **Universitäten** – oft findet man kostengünstige professionelle Hilfe und Beratung an den psychologischen und psychiatrischen Departments.

⑧ **Internet** – siehe Link-Liste auf der nächsten Seite.

HILFREICHE WEBSITES

DEUTSCHLAND
Deutsche Depressionshilfe:
deutsche-depressionshilfe.de
Deutsches Bündnis gegen Depression:
buendnis-depression.de
Depressionsliga:
depressionsliga.de
Bundesverband der Angehörigen psychisch erkrankter Menschen:
psychiatrie.de/bapk/

SCHWEIZ
Netzwerk Psychische Gesundheit Schweiz:
npg-rsp.ch

ÖSTERREICH
buendnis-depression.at

INTERNATIONAL
eaad.net
blackdoginstitute.org.au

LITERATURHINWEISE

Bundesverband der Angehörigen psychisch Kranker: *Mit psychischer Krankheit in der Familie leben. Rat und Hilfe für Angehörige* (Psychiatrie Verlag)

Laura Epstein Rosen/ Xavier Francisco Amador: *Wenn der Mensch, den du liebst, depressiv ist. Wie man Angehörigen oder Freunden hilft* (Rowohlt TB)

Frederic J. Flach: *Depression als Lebenschance. Seelische Krisen und wie man sie nutzt* (Rowohlt TB)

Heide Fuhljahn: *Kalt erwischt. Wie ich mit Depressionen lebe und was mir hilft* (Diana)

Josef Giger-Butler: *„Sie haben es doch gut gemeint": Depression und Familie* (Beltz)

Paul Gilbert: *Depressionen verstehen und bewältigen* (Hogrefe)

Ulrich Hegerl/Svenja Niescken: *Depressionen bewältigen, die Lebensfreude wiederfinden. So erkennen Sie fruhzeitig die Signale, finden wirksame Hilfe und beugen Ruckfällen vor* (Trias)

Jon Kabat-Zinn: *Gesund durch Meditation. Das große Buch der Selbstheilung* (Fischer TB)

Tobi Katze: *Morgen ist leider auch noch ein Tag. Irgendwie hatte ich von meiner Depression mehr erwartet* (Rowohlt TB)

Piet C. Kuiper: *Seelenfinsternis. Die Depression eines Psychiaters* (Fischer TB)

Gabriele Pitschel-Walz: *Lebensfreude zuruckgewinnen. Ratgeber für Menschen mit Depressionen und deren Angehörige* (Urban & Fischer)

Holger Reiners: *Die gezähmte Depression: Erfulltes Leben nach der Krankheit* (Kösel)

David Servan-Schreiber: *Die neue Medizin der Emotionen. Stress, Angst, Depression: Gesund werden ohne Medikamente* (Kunstmann)

Andrew Solomon: *Saturns Schatten. Die dunklen Welten der Depression* (Fischer TB)

William Styron: *Sturz in die Nacht. Die Geschichte einer Depression* (Kiepenheuer & Witsch)

Paul Wilson: *Das kleine Buch der Ruhe* (Heyne)

MEHR VON MATTHEW JOHNSTONE

DEN GEIST BERUHIGEN
Eine illustrierte Einführung in die Meditation

72 Seiten, vierfarbig, ISBN 978-3-88897-791-6

Meditation für Anfänger in eindrucksvollen Bildern – inspirierend und praktisch.

»Sie haben keine Lust, sich durch komplexe Meditations-Anleitungen zu arbeiten? Können wir verstehen. Zum Glück gibt es das neue Buch von Matthew Johnstone: Eingängige Bilder, leicht nachvollziehbare und witzige Anleitungen machen das Thema Meditation auch für Anfänger leicht zugänglich.«
Brigitte.de

Verlag Antje Kunstmann

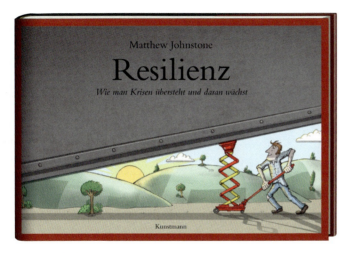

Wie man Krisen übersteht und daran wächst – wunderbar illustriert, mit großer Wärme und klugem Witz.

»Resilienz kann durch Sport, Musik, richtiges Atmen, Meditation, aber auch durch die Gesellschaft anderer entwickelt, gefördert und gestärkt werden. Johnstone bringt dieses komplexe Thema so gekonnt und präzise auf den Punkt, dass man gleich sehr viel liebevoller mit sich selbst umgeht.«
stern Gesund Leben

RESILIENZ
Wie man Krisen übersteht und daran wächst

120 Seiten, vierfarbig, ISBN 978-3-95614-066-2

Verlag Antje Kunstmann

EIN WICHTIGER HINWEIS

Dieses Buch kann keine ärztliche Betreuung und Behandlung ersetzen. Jeder, der sie benötigt, sollte sich an einen geeigneten Arzt oder Therapeuten wenden.

© der deutschen Ausgabe: Verlag Antje Kunstmann GmbH, München 2016
Die beiden Bände dieser Ausgabe, „Mein schwarzer Hund" und „Leben mit dem schwarzen Hund", erschienen im Verlag Antje Kunstmann, 2008 und 2009.
© der Originalausgaben: Matthew Johnstone, 2005, und Matthew und Ainsley Johnstone 2008.
Die Originalausgaben erschienen unter dem Titel „I Had A Black Dog" (2005) und „Living With A Black Dog" (2008) bei Pan, einem Imprint von Pan Macmillan Australia, Sydney.
Druck & Bindung: Kösel, Altusried
ISBN 978-3-95614-137-9